La bandera

por Maryellen Gregoire

Consultora:
Nancy E. Harris, MEd

capstone
classroom
Heinemann Raintree • Red Brick Learning
division of Capstone

Veo una
bandera grande.

Veo una
bandera pequeña.

Veo una
bandera grande.

NEW YORK STOCK EXCHANGE

Veo una
bandera pequeña.

Veo una
bandera grande.

Veo una
bandera pequeña.

Veo una
bandera grande.

Membership
For life.
SPORTS
AUTHORITY
UNDER ARMOUR

¡Veo muchas banderas!